LES

COMICES D'ATHÈNES

OU

LES FEMMES ORATEURS,

COMÉDIE VAUDEVILLE EN UN ACTE,

Traduit du grec (d'ARISTOPHANE);

Par MM. EUGÈNE SCRIBE ET ***.

Représenté, pour la première fois, à Paris, sur le Théâtre du Vaudeville, le 5 Novembre 1817.

> Ω Αθηναιοι τοις γερουσι λειπω πολιν και πολεμον
>
> Athéniens, je laisse à vos Sénateurs les soins de la guerre et du gouvernement.
>
> ARISTOPHANE. *Scène IX.*

Prix : 1 f. 25 c.

PARIS,

Chez Mad. LADVOCAT, Libraire, *au Cabinet littéraire*, Galerie de Bois du Palais-Royal, n°. 197.

De l'Imprimerie de HOCQUET, rue du Faubourg Montmartre, n. 4.

1817.

PERSONNAGES. | **ACTEURS.**

PERSONNAGES		ACTEURS
PHILOTIME, sénateur d'Athènes		M. *Joly.*
POLÉMON, archonte		M. *Gontier.*
THÉONE, femme de Philotime		Mmes. *Hervey.*
NAIS, sa nièce		*Minette.*
SOSTRATA,	Athéniennes.	*Bodin.*
THÉLÉSILLE,		*St.-Aulaire.*
PRONAGORA,		*Clémence.*
CYMODOCÉE,		*Eugène.*
MILTO,		*Louise.*
ARGUS, esclave de Philotime.		M. *Philippe.*
CALLIMAQUE, mari de Théléville.		M. *Perrin.*
Chœur d'Athéniens et d'Athéniennes.		

La scène se passe dans un vestibule de la maison de Philotime; à droite du spectateur une porte entre deux colonnes; dans le fond, au-dessus des draperies du vestibule, les arbres d'un jardin, et dans le lointain quelques monumens de la ville d'Athènes.

LES
COMICES D'ATHÈNES,
OU
LES FEMMES ORATEURS,
Vaudeville en un Acte.

SCENE PREMIERE.

Au lever du rideau, plusieurs siéges sont disposés en demi-cercle. THÉONE, SOSTRATA, THÉLÉSILLE, PRORAXA, CYMODOCÉE, et les autres Athéniennes *viennent d'abandonner leurs siéges, et sont groupées près de la porte à droite, et cherchent à écouter.*

THÉONE.

Silence donc, Mesdames! Jamais; je crois, nos maris n'ont parlé si bas.

SOSTRATA.

Le mien parle pourtant assez haut, chez lui, il est vrai; car à l'assemblée, il ne dit jamais rien.

THÉONE.

Je vous le demande, de quoi s'avisent-ils de se réunir en séance secrète, et de nous cacher le sujet de leurs délibérations? Cela nous arrive-t-il à nous?

THÉLÉSILLE.

Non assurément; et nous ne nous sommes pas assemblées une seule fois, sans que le lendemain, toute la ville d'Athènes n'ait été instruite de ce qui s'était passé dans la séance.

Air : *Il me faudra quitter l'empire.*

Nous devrions être au fait des affaires,
Et pourtant nous ne savons pas
Combien on arme de galères.

THÉONE.

Combien nous avons de soldats.

SOSTRATA.

Sur notre armée et ce qui l'intéresse
On devrait plus nous consulter;
Car c'est toujours à nous que l'on s'adresse
Toutes les fois qu'il faut la recruter.

THÉONE.

Il se trame quelque chose ; car Philotime, mon mari, qui n'assistait presque jamais aux assemblées, est revenu subitement de sa campagne, où il était depuis huit jours.

THÉLÉSILLE, *affirmativement.*

Il se trame quelque chose.

SOSTRATA.

Qui sait même si cela ne nous intéresse pas particulièrement ?

THÉONE.

Air : *Quand l'Amour naquit à Cythère.*

Sur le projet que l'on médite
Il faut enfin nous éclairer.

THÉLÉSILLE.

Mon époux me craint et m'évite.

SOSTRATA.

Du mien je ne puis rien tirer.

THÉLÉSILLE.

Pour fuir mes demandes, ma chère,
Il ne rentre plus...

SOSTRATA.

Croiriez-vous
Que le mien dort la nuit entière ?
Ah ! c'est un complot contre nous.

TOUTES.

Oui, c'est un complot contre nous.

THÉONE.

Reprenez vos places. Oui, respectable Sostrata, et vous, vénérable Cymodocée, Praxagora, Milto, pourquoi souffririons-nous plus long-tems que nos maris s'occupassent seuls du gouvernement ? Ne pourrions-nous pas, si nous le voulions, parler à la tribune aussi bien que leurs orateurs ?

SOSTRATA.

Comment ! aussi bien ? et même plus, si j'avais une fois la parole.

THÉONE.

Je n'en doute point, éloquente Sostrata ; mais c'est moi qui dans ce moment...

TOUTES.

C'est juste, c'est juste. A l'ordre.

THÉONE.

Oui, nobles descendantes de Cécrops :

Air *du Pot de fleurs.*

Que ces fiers citoyens d'Athènes
Sous nos lois viennent se ranger ;
Jamais, en nous prenant pour reines,
Ils n'auront de joug plus léger.

A notre douce monarchie,
De se soumettre ils seront trop heureux,
Quand nous pourrions, grace aux yeux,
Aspirer à la tyrannie.

Athènes ne risque rien en nous confiant ses intérêts. Ça ne peut pas aller plus mal : donc, ça ne peut qu'aller mieux avec nos talens et l'aide de Minerve, protectrice de cette ville.

SOSTRATA.

Par Jupiter, le président des Comices n'eut pas mieux parlé, et je pense qu'après Madame, il n'y a plus rien à dire. Voici un petit projet de loi que je viens proposer.

« Pour perpétuer parmi les dames Athéniennes, le goût » de la politique et la science du gouvernement, il m'est » venu une idée neuve et inconnue jusqu'à présent aux » peuples de l'Attique. Ce serait d'établir des tablettes pé- » riodiques, qui seraient rédigées par des femmes, et que » l'on colporterait chaque matin, dans les premières maisons » d'Athènes. On y parlerait des variations de l'atmosphère » et de la politique, et l'on tâcherait d'être juste, toutes les » fois que l'intérêt de la rédactrice ne serait pas compromis. »

Air *de Fanchon.*

Premier Couplet.

Ces tablettes nouvelles
Offriront des modèles
De goût, d'esprit, et cætera
Sous leur heureux empire
L'indépendance renaîtra,
Et l'on pourra tout dire
Quand on le permettra.

Deuxième Couplet.

On devra, quoi qu'il fasse,
Louer peu l'homme en place,
Respecter ceux qui n'y sont plus;
Vu que les mœurs sont bonnes,
Parler innocence et vertus,
Et laisser deux colonnes
Pour les objets perdus.

TOUTES, *levant la main.*

Je vote pour le projet de loi.

THÉONE.

Il paraît, Mesdames, qu'il y a majorité absolue, et que nous sommes toutes d'accord.

SOSTRATA.

Je demande qu'on en prenne acte.

THÉONE.

Mais qui vient nous troubler ?

SCENE II.

Les Précédentes, NAIS.

NAÏS.

Ah ! ma tante, vous ne savez pas....

THÉONE.

Comment ! Naïs, est-ce que vous étiez là à nous écouter ?

SOSTRATA.

C'est fort mal. Les dieux immortels punissent toujours les petites filles curieuses.

NAÏS.

Et non, ce n'est pas vous que j'ai écoutées. Je traversais les portiques qui mènent au grand péristile ; on faisait du bruit ; j'ai prêté l'oreille, et comme il y avait une petite lézarde, j'ai regardé ; ça donnait juste sur l'endroit où les sénateurs sont rassemblés.

SOSTRATA.

Serait-il possible ! Raconte-nous ça.

NAÏS.

Oh ! je n'ai pas écouté, parce que les dieux immortels punissent les petites filles curieuses ; mais j'ai regardé et j'ai aperçu ces Messieurs

Air de Calpigi.

Entourés de leur draperie,
Et rangés avec symétrie,
La tête penchée en avant,
Ils méditaient tous gravement.
J'en ai vu qui, d'un air auguste,
A chaque instant disaient : c'est juste !
(*Faisant un geste de tête.*)
Les autres répondaient : c'est bien !
Et le reste ne disait rien.

THÉONE.

Nous voilà bien avancées.

NAÏS.

Alors l'archonte Polémon s'est levé : vous savez bien, ma tante, ce jeune homme que nous avons rencontré l'autre jour au Céramique et aux courses de char, et qui était à côté de nous au théâtre de Bacchus.... Par exemple, ça, c'est un bien grand hasard : je ne sais pas comment il nous rencontre toujours.

THÉONE.

Il ne s'agit pas de cela. Eh! bien, Polémon.

NAÏS.

Polémon s'est levé : quelle différence ! il avait si bon air, et puis ses cheveux noirs étaient parfumés d'essence et entremêlés de cigales d'or.... et un manteau qui lui allait à merveille. Il faut que ce soit une mode nouvelle, car je n'en aï encore vu qu'à lui.

THÉLÉSILLE.

Eh! bien, voyons, que disait-il ?

NAÏS.

Je n'ai pas bien pu écouter puisque je le regardais; mais il m'a semblé qu'il parlait de vous, et puis de mon mariage.

Air : *Vaud. de la Robe et les Bottes.*

Il disait : « Dans la république,
» Puisse tout le monde être uni ! »
Être unis ! ce seul mot explique
Qu'il desire être mon mari.
« Oui, mon pays peut compter sur mon zèle
Or, son pays, j'en suis aussi, je croi.
Puis il disait : « Je lui serai fidèle. »
Vous voyez qu'il parlait de moi.

SOSTRATA.

Vous allez voir qu'il était question de votre mariage dans l'assemblée des magistrats.

NAÏS.

On y traite quelquefois des sujets moins intéressans. Tant il y a qu'il fallait que ce fût quelque chose comme ça, car on l'a applaudi, et que le président a dit : A ce soir aux comices le projet de loi. Alors l'assemblée s'est séparée en recommandant bien le silence. Ils ont déposé leurs robes dans le premier vestibule du temple. Ils sont sortis par la grande porte de l'autre côté, et je les ai suivis de loin des yeux.

THÉONE.

Vous le voyez, mesdames, il y a un projet de loi qu'on nous cache. (*à Naïs.*) Et le résultat de tout cela ?

NAÏS.

Le résultat! c'est qu'il est monté dans un char, un char d'un goût exquis. Ça ne tenait à rien : c'était charmant.

THÉONE.

Qui ?

NAÏS.

Eh! bien, Polémon. Et puis deux mules blanches de Sycione, qui sont parties avec la rapidité de l'éclair, si bien qu'il a manqué d'écraser une demi-douzaine d'Athéniens, qui se promenaient tranquillement. Il est vrai qu'il a crié, garre, garre, après qu'il a été passé.

SOSTRATA.

Je propose un projet de loi pour empêcher les chars d'aller si vîte dans les rues d'Athènes.

THÉONE.

C'est bon.

SOSTRATA.

Nous sommes sûres de la majorité. Nous aurons pour nous tous ceux qui vont à pied, et de plus beaucoup de gens de mérite.

THÉLÉMILLE.

Mais quelqu'un s'avance vers ces lieux.

SOSTRATA.

Quel est le téméraire qui ose franchir cette enceinte consacrée à Diane? qu'il redoute le sort d'Actéon.

THÉONE.

Il n'a rien à craindre: c'est mon mari. Il faudra qu'il soit bien habile, si je ne connais pas par lui le projet de loi.

CHŒUR.

Air *de Montano*.

Sans bruit,
Sans bruit,
Que chacune ici se retire;
Sans bruit,
Sans bruit,
Nous reviendrons avec la nuit.

THÉONÉ.

Sans peine, j'espère
Séduire mon époux;
Tâchez, ma chère,
D'en faire
Autant chez vous.

CHŒUR.

Sans bruit,
Sans bruit,
Que chacune ici se retire;
Sans bruit,
Sans bruit,
Nous reviendrons avec la nuit.

(*Elles sortent.*)

SCENE III.

THÉONE, PHILOTIME. (*il entre en rêvant.*)

PHILOTIME, *à part.*

C'est une chose bien intéressante qu'une assemblée; je ne sais pas pourquoi je m'y endors presque toujours, mais depuis trente ans que j'exerce, je n'ai pas mémoire d'avoir jamais fait un si bon somme que dans celle ci. Enfin, contre mon habitude, je ne me suis pas même réveillé pour aller aux voix.

THÉONE, *à part.*

Il faut apparemment que quelque grand dessein l'occupe.

PHILOTIME, *à part.*

Tout ce que j'ai entendu, c'est qu'il y avait ce soir un sacrifice et un repas de corps chez les prêtres de Cybèle, avant l'ouverture des comices.

THÉONE.

Ah! vous voilà, mon ami, vous êtes bien soucieux et vous ne me dites seulement pas bonjour.

PHILOTIME.

Si vous croyez qu'un homme d'état n'a pas d'autres choses en tête....

THÉONE.

Oui, je concois... Ce qui vient de se passer à la séance.

PHILOTIME.

Oui, çà... autre chose... Est-on venu pendant que j'étais à la campagne?

THÉONE, *montrant une cassie qui est à terre.*

On a apporté de la part du médecin Asclépiade...

PHILOTIME.

Je sais ce que c'est.

THÉONE.

Cela a peut-être rapport à ce dont nous parlions tout-à-l'heure?

PHILOTIME.

C'est un panier de ce vin de Naxos, qu'il m'a promis, et dont les effets sont si puissans. Imaginez-vous qu'un seul doigt de cette liqueur, pris en se couchant, vous procure à l'instant même le sommeil le plus doux et les songes les plus agréables.

THÉONE.

Par Morphée, vous dormez assez sans cela.

PHILOTIME.

Je ne saurais trop dormir dans ma position.

Air : *J'ai vu partout, dans mes voyages.*

Si l'on écoutait l'éloquence
De nos orateurs d'aujourd'hui,
Il faudrait bientôt, je le pense,
Pencher pour tel ou tel parti.
Je dors pour garder l'équilibre,
Et grace à mon sommeil prudent,
Moi, ma pensée est toujours libre
Et mon suffrage indépendant.

Il faut mettre ce vin en réserve; holà! quelqu'un, Machaon?

THÉONE.

Il n'est plus ici, je l'ai vendu il y a quelques jours.

PHILOTIME.

Comment ! Machaon, mon esclave favori, qui était si bon cuisinier..

THÉONE.

Vous n'en avez plus besoin, puisque les élections sont passés et que vous êtes nommé !

PHILOTIME.

C'est vrai, mais il fallait au moins me consulter.

THÉONE.

Eh ! avez-vous le tems de songer à ces misères-là ? vous qui, dans ce moment-ci, je le sais, avez des occupations..

PHILOTIME.

Oui, un repas de corps pour ce soir ; je dois même prononcer un discours improvisé.

THÉONE.

Sans doute sur ce projet de loi, dont il a été question ce matin... mon ami, qu'est-ce que c'est que ce projet de loi ?

PHILOTIME.

Ah ! çà, c'est un article sur lequel je suis obligé de me taire.

THÉONE.

Comment, mon ami? ah ! je vois que vous ne m'aimez plus, puisque vous n'avez plus de confiance en moi, je suis bien malheureuse.

PHILOTIME.

Allons, voilà qu'elle pleure à présent ! ma femme, ma chère Théoné. . . je vous aime toujours.

THÉONE, *avec dépit.*

Ah ! vous avez des secrets pour moi. . . j'en aurai aussi pour vous. . . croyez-moi, parlez, je le veux. . . je l'exige, ou vous ne savez pas à quelles extrémités la vengeance peut me porter.

PHILOTIME, *s'approchant de sa femme, et d'un air confidentiel.*

Adieu, je vais où mon devoir m'appelle; que Junon vous maintienne en joie! vous serez cause qu'on aura commencé sans moi les premières libations.

THÉONE, *le retenant.*

Air *non, non, point de façon.*

Non, non, répondez-moi,
Car ce mystère
Excite ma colère;
Non, non, répondez-moi:
Vous parlerez ou vous direz pourquoi.
Parlez.

PHILOTIME.

Je me tais...

THÉONE.

Pensez-vous?

PHILOTIME.

Jamais.

THÉONE.

Quoi! pas un seul mot?

PHILOTIME.

Eh! c'est encore trop.

THÉONE.

Mes soins...

PHILOTIME.

C'est assez...

THÉONE.

Mon amour...

PHILOTIME.

Cessez.

THÉONE.

Eh! quoi, mes vertus...

PHILOTIME.

Ne m'en parlez plus.

THÉONE.

Non, non, répondez-moi, etc.

PHILOTIME.

Non, non, eh! laissez-moi,
Je dois me taire
Et je ne puis mieux faire.
Non, non, eh! laissez-moi,
Je dois me taire
Et je sais bien pourquoi.
(*il sort*)

SCENE IV.

THEONE, SOSTRATA:

SOSTRATA.

Eh! bien?

THÉONE.

Comment ! vous êtes encore là ?

SOSTRATA.

Ces dames reviendront toutes, vers la huitième heure ; elles ont été obligées de retourner chez elles pour s'occuper quelques instans de leur ménage. Il faudra même à ce sujet là, que nous pensions à une loi qui dispense les dames Athéniennes de tous ces soins domestiques.

THÉONE.

C'est bon ; ce n'est pas là le plus urgent.

SOSTRATA.

Vous avez raison. Qu'avez-vous appris ?

THÉONE.

J'ai tout employé : les prières, les larmes... il a été, pour la première fois de sa vie, d'une discrétion a toute épreuve.

SOSTRATA.

Ça n'est pas naturel

THÉONE.

C'est ce que je dis aussi, et quel moyen de nous instruire.

SCENE V.

THÉONÉ, SOSTRATA, ARGUS. (*Il est en bonnet phrygien et a l'habit d'esclave, il est boiteux et a un bandeau noir sur l'œil gauche.*)

THÉONE.

Qu'est-ce? c'est Argus, ce nouvel esclave dont j'ai fait l'acquisition.

SOSTRATA.

Par Pollux, il est bien nommé.

ARGUS.

Air *de Dorilas.*

Mon patron, qu'on vante à la ronde,
Avait cent yeux : c'est un défaut ;
Et, pour réussir dans le monde,
Cet autre Argus y voyait trop.
Moi Plus commode, aux belles je dois plaire,
En les surveillant ici bas,
Avec un œil qui n'y voit guère,
Avec un œil qui n'y voit pas.

Au surplus, ça ne m'empêche pas de faire mon service, et voilà des tablettes que je vous apporte.

THÉONE.

Qui te les a remises?

ARGUS.

Je n'ai pas vu.

THÉONE.

Le messager est il encore là ?

ARGUS.

Je ne m'en suis pas aperçu.

SCENE IV.

Les Précédens, NAIS.

NAÏS

Ma tante, c'est de lui, c'est de Polémon. J'ai très-bien reconnu son esclave et il attend une réponse.

THÉONE.

Lui m'écrire! et pour quel sujet? (*elle déroule la lettre et lit :*) « Polémon, Archonte, fils de Callias l'Athénien à Théone. » (*Elle achève de lire la lettre à voix basse*) Comment en l'absence de mon mari, il me demande un entretien secret pour une affaire importante.

ARGUS (*à part.*)

C'est clair.

THÉONE.

Sage Sostrata, qu'en pensez-vous ?

SOSTRATA.

Je pense que l'Archonte a quelque grand secret à nous révéler. Peut-être même il veut se faire un appui de notre association, dont il sait que vous êtes présidente,

THÉONE.

Au fait, je ne vois pas pour quel autre motif.

SOSTRATA.

Il faut accepter.

NAÏS.

Oh ! oui, ma tante, il faut accepter.

THÉONE.

Sans doute,... mais un rendez-vous, avec un jeune homme qui passe pour un des plus aimables d'Athènes.

Air : *On ne peut pas trouver de mal à çà.*

Ma vertu s'inquiète
D'un tête-à tête...

SOSTRATA.

Bah !
Si, dans un tête-à-tête,
On peut sauver l'État,
Eh ! par Vesta,
On ne saurait trouver de mal à çà.

TOUTES.

Oui, par Vesta,
On ne saurait trouver de mal à çà.

Air : *Vaud. de Voltaire chez Ninon.*

THÉONE.

J'accorde donc ce rendez-vous ;
J'en conviendrai, c'est avec peine :
Mais puis-je hésiter, entre nous,
Il y va du salut d'Athène.
Pour son pays en pareil cas
Il faut que l'on se sacrifie.

NAÏS.

Que ne suis-je assez grande hélas !
Pour servir aussi la patrie !

THÉONE.

Eh bien! dites à Polémon que je l'attends ce soir à sou-r... tête à tête... puisqu'il le faut; mais que j'exige qu'il ait toujours un esclave présent à notre entrevue. Argus, sera toi qui nous serviras.

ARGUS (*à part.*)

Allons, c'était bien la peine! moi qui comptais avoir ma irée.

THÉONE.

Naïs, va dire à son esclave... Non j'aime mieux écrire la réponse moi-même.

SOSTRATA.

Oui, cela aura un caractère plus diplomatique.

THÉONE.

Sostrata, venez m'aider à la rédiger. Toi, Argus reste ici; fais préparer le souper, observe tout et ne reçois que Polémon. Naïs, que mes femmes viennent me joindre et qu'elles s'occupent de ma toilette... Ah! que les affaires du gouvernement donnent de soins et d'embarras!

(*Elle sort avec Sostrata et Naïs.*)

SCENE VII.

ARGUS (*seul.*)

Ce qu'il y a de plus dur dans le métier d'esclave, c'est de ne pas faire sa volonté. Par exemple, quoiqu'il soit défendu aux esclaves d'assister aux assemblées du peuple, je comptais bien m'y rendre en cachette, pour entendre nos orateurs, car on prétend que nous en avons... Eh bien! pas du tout, il faut que je reste à la maison... Ah! si j'étais seulement affranchi, je pourrais prendre part aux affaires... J'ai toujours eu l'idée que si je m'en mêlais... D'abord je défendrais aux femmes comme notre maîtresse de se mêler de politique.. ça ne les regarde point... à la bonne heure des gens comme moi.. j'ordonnerais que, comme chez les Spartiates, nos voisins, les esclaves pussent s'énivrer en liberté, qu'ils fussent traités avec les plus grands égards. Eh! bien donc Lycaon! voyez si ces butors là arriveront? faut-il que je prenne un bâton? (*On apporte la table.*) Placez là cette table. J'ordonnerais ensuite qu'il leur fût permis de ne rien faire... Voyez les paresseux! tout est-il là? les fruits, les coquillages, les vins.. Tenez, portez cette corbeille dans le cellier... Ah! attendez... (*il en tire une bouteille.*) C'est du vin de Naxos: ils ont écrit le nom dessus de peur qu'on ne s'y trompât... Eh bien! qu'est ce que vous attendez? laissez-moi... puisqu'il faut que je reste... Je sais bien ce qui me vaut cette faveur, chez toutes les dames d'Athènes que j'ai servies; l'avantage que j'ai d'être...(*Montrant son bandeau noir.*) m'a toujours procuré des privilèges... Ah! si j'avais eu le bonheur d'être aveugle, ma fortune serait faite!

SCÈNE VIII.

ARGUS, PHILOTIME,

PHILOTIME.

A-t-on vu une étouderie comme celle-là? moi qui dois prononcer un discours improvisé, et qui oublie d'en prendre la copie.

Air: *Vaud. de l'Asthinié.*

J'ai toujours, pour les grands momens,
Un discours préparé d'avance;
C'est le même depuis vingt ans,
C'est un chef-d'œuvre d'éloquence.
Soixante fois depuis ce tems,
Je l'ai prononcé d'abondance...
Avec de légers changemens,
Il est toujours de circonstance.

ARGUS.

L'ami, que viens-tu chercher ici.

PHILOTIME.

Et qui es-tu toi-même; qui ne sais pas que je suis de la maison?

ARGUS.

Eh! bien, si tu es de la maison, décampe au plus vite. Nous avons besoin d'être seul et ta présence nous gêne.

PHILOTIME, *à part.*

Voilà un hardi coquin! serait-ce celui qui a remplacé Machaon. (*Haut.*) Combien y a-t-il que tu es ici ?

ARGUS.

Voilà huit jours que madame m'a pris.

PHILOTIME.

Eh! bien, apprends qu'il y a beaucoup plus long-tems que je suis à son service, et que, si tu dis un seul mot, je t'enverrai tourner la meule.

ARGUS, *à part.*

Il faut que ce soit quelqu'affranchi : car il est plus insolent que moi. (*Haut.*) Ecoute, camarade : ne te fâche pas... c'est par l'ordre de madame, ainsi va-t-en et ne dis rien : elle a un rendez-vous.

Air : *de Gaspard l'Avisé.*

Oui, pour souper, ce soir, on compte
Sur un galant, sur un archonte :
Quand l'époux parlera bien haut,
Oh! oh! oh! oh!
Tout bas madame parlera,
Ah! ah! ah! ah!
Pourtant chacun s'entendra.

PHILOTIME.

Ah! par Vulcain, qu'entends-je là !

ARGUS.

Nous connaissons tous ces tours-là :
C'est un rien qu' çà.

PHILOTIME.

C'est déjà
Bien assez comme çà.

ARGUS.

Je dois les servir à table. La dame a voulu par un petit raffinement de pruderie qu'il y eût là un témoin... mais tu sais qu'en pareil cas on ferme les yeux, et moi ça me coûte moitié moins qu'à un autre.

PHILOTIME.

Et tu t'es prêté... ?

ARGUS.

Comme si un esclave était son maître! est-ce que tu crois que c'est pour mon plaisir ? je suis déjà assez fâché de ne pouvoir pas assiter à l'assemblée.

PHILOTIME.

Eh ! bien, écoute. . . entre camarades il faut s'aider. . . Qui t'empêche d'y aller ? je servirai à ta place, je me charge d'arranger cela avec madame. Elle aimera même mieux que ce soit moi.

ARGUS.

Tu crois ?

PHILOTIME.

Quand je te dis que je prends tout sur moi.

ARGUS.

Et moi, je te promets de te rendre compte de la séance. Je te dirai si l'on s'est occupé de la réclamation des Phocéens, ou de la guerre contre les Perses. Tu es sans doute pour les Phocéens ? Et moi aussi : je trouve qu'on ne peut sans injustice. . .

PHILOTIME.

C'est bon. Pars, tu n'auras pas de place . . En bien ! où vas-tu avec ce bonnet phrygien ? On te reconaîtrait pour esclave.

ARGUS.

Tu as raison ; je vais le laisser au logis... Adieu, camarade.

Air de Gille en deuil.

Grand merci de ta complaisance :
Va, j'espère bien quelque jour
Te prouver ma reconnaissance,
Et payer ma dette à mon tour.
Aux Comices je vais me rendre.

PHILOTIME.

Et moi je reste ici ce soir.

ARGUS.

Puissé-je là bas tout entendre !

PHILOTIME.

Et moi puissé-je ne rien voir.

Ensemble.

ARGUS.

Grand merci de ta complaisance :
Va, j'espère bien quelque jour,
Te prouver ma reconnaissance,
Et payer ma dette à mon tour.

PHILOTIME.

Cachons-lui que ma complaisance
N'est ici qu'un adroit détour,
Et que ce soir, par son absence,
Il me rend service à son tour.

SCENE IX.

PHILOTIME, *seul.*

Par les Dieux immortels, je ne suis point jaloux; mais il y aurait de quoi émouvoir le Dieu Terme lui-même.

(*Regardant la table.*)

Air

Certes j'ai les yeux bien ouverts :
C'est un festin que l'on apprête.
J'apperçois deux lits, deux couverts,
Et ce n'est pas moi que l'on fête.
Chez nous de même qu'au sénat.
Il paraît comme loi constante
Que la place d'un magistrat
Ne peut jamais rester vacante.

Apprêtons-nous à jouer le rôle d'observateur. . . Otons ce manteau. (*Il se trouve revêtu d'une tunique verte, comme l'était Argus. Il prend une des bandelettes noires de sa coiffure, et se l'adapte sur l'œil gauche, en guise de bandeau.*) Mais je ne puis croire qu'au sein même de mes Pénates, et devant mes dieux Lares, ma femme voulût se permettre... Non, la femme d'un sénateur... ce n'est pas possible... Et cet esclave, qu'elle a voulu rendre présent à cette entrevue, prouve qu'assurément... Mettons toujours cette coiffure... En contrefaisant un peu la démarche d'Argus, je pourrai sans qu'on s'en aperçoive... Mais qui vient déjà ?

SCENE X.

PHILOTIME, POLÉMON.

POLÉMON, *à la contonnade.*

C'est bien, dites-lui que je l'attendrai. Aux Dieux ne plaise que je la dérange de sa toilette! Nous sommes trop heureux, lorsque les dames d'Athênes veulent bien se livrer à des soins pareils.

Air : *On dit que je suis sans malice.*

Hélas ! c'est à la politique
Qu'aujourd'hui la beauté s'applique,
Chez l'artisan, le magistrat
On trouve des femmes d'état.

Chez la crêmière on délibère
Et Glycère, la jardinière
Ne vend plus ses roses, dit-on,
Qu'aux gens de son opinion.

PHILOTIME, *à part.*

C'est Polémon! Eh bien! cet archonte-là ne m'a jamais plu. Aussi, patience : aux prochaines élections...

POLÉMON.

Théone est de parole. Voilà les apprêts du festin, et nous pourrons causer librement de ce qui m'intéresse. Mais pourquoi veut-elle qu'un témoin assiste à cette entrevue. Il est fort incommode d'avoir derrière soi un confident obligé de tous ses discours. (*à Philotime.*) Dis-moi, l'ami? tu es au service de Théone?

PHILOTIME.

Oui.

POLÉMON.

C'est toi qui nous sers à table?

PHILOTIME.

Oui.

POLÉMON.

Et tu as de l'esprit?

PHILOTIME.

Oui.

POLÉMON, *à part.*

Voilà un esclave presqu'aussi laconique qu'un Spartiate. (*A Philotime.*) Tiens, il y a vingt drachmes dans cette bourse.

PHILOTIME.

Oui.

POLÉMON.

Quand je te ferai signe, tu auras soin de disparaître et de nous laisser. Nous avons à causer d'objets importans, d'affoires de famille... Tu m'entends... Il suffira de t'absenter pendant quelques instans...

PHILOTIME, *à part.*

Je ne sors pas d'ici.

SCENE XI.

PHILOTIME, POLÉMON, THÉONE.

POLÉMON, *à Théone.*

Je ne m'attendais pas à une si grande faveur : je ne vous demandais qu'un entretien, et vous m'invitez à souper.

THÉONE.

Le motif qui vous amène est assez important. . .

POLÉMON.

Oh ! nous avons le tems d'en parler.

PHILOTIME, *à part.*

On s'observe à cause de moi.

POLÉMON.

Je n'ai vu aucune Athénienne mise avec ce goût et cette élégance... Vous ne connaissez pas mon nouvel atelage... Je suis venu en quelques minutes, des portiques de l'académie. C'était Zénon qui parlait : je n'ai pas attendu la fin de la séance.

Air : *Le beau Lycas aimait Thémire.*

Là des moralistes austères
Déclarant la guerre aux plaisirs,
Voudraient dans des chaînes sévères
Captiver l'essaim des désirs.
Fendant la foule qui s'empresse
Moi brusquement j'ai tout quitté.
Et déserteur de la sagesse
J'accours aux pieds de la beauté.

(*Ils se mettent à table.*)

POLÉMON, *à Philotime.*

A boire ! (*buvant.*) Il est fort bon, votre vin ;

PHILOTIME, *à part.*

Je le crois bien : je le gardais depuis dix ans.

THÉONE.

N'annonce-t-on pas au théâtre une tragédie politique d'Euripide ?

POLÉMON.

Peu m'importe : quand Timocrate ne joue pas, je ne vais jamais au spectacle, et comme dans ce moment-ci il est tour à tour citoyen de Thèbes, de Corinthe ou d'Argos.

THÉONE.

Je le croyais Athénien.

POLÉMON.

Oui, trois mois par an, il daigne être de son pays ; il n'en est pas moins l'objet de la reconnaissance publique. Il irait même à Sparte qu'il n'en serait encore que mieux vu parmi nous : car les dames d'Athènes aiment beaucoup les étrangers.

THÉONE.

Prétendez-vous nous en faire un crime ?

POLÉMON.

Eh ! quel pays peut paraître préférable au nôtre ?

Air : *A soixante ans.*

Athène, ô ma noble patrie,
Séjour des grâces, des beaux arts,
Tu fus toujours le temple du génie
Et l'œil des dieux veille sur tes remparts.
Déjà Minerve tutélaire
Sur notre sol a planté l'olivier,
Et nos exploits prouvent que cette terre
Peut produire aussi le laurier.

THÉONE.

Je veux faire ma paix avec vous. Acceptez quelques-unes de ces figues; elles sont du pays...(*Il baise la main de Théone, Philotime fait un geste et renverse une coupe.*) Eh! bien, Argus, prenez donc garde, voilà un vase en morceaux!

PHILOTIME.

Au fait, c'est encore moi qui paye les vases cassés.

THÉONE, *à Polémon.*

Vous ne me parlez pas de ce qui vous a occupé ce matin.

POLÉMON.

Si vraiment... je vous le dirai, en vous expliquant l'objet de ma visite... esclave. (*lui faisant signe.*) hum!..... eh! bien, hum.

PHILOTIME; *à part.*

Oui, fais des signes... je suis aveugle et sourd.

THÉONE.

Eh! bien, vous disiez que le sujet de votre visite...

POLÉMON.

Oh! vous devez en partie avoir deviné mon secret (*avec chaleur*) et si l'attachement le plus sincère... mais est-il nécessaire que cet esclave..., ?

THÉONE.

Argus... vous avez peut-être affaire.... là bas.

PHILOTIME, *à part.*

Et ma femme aussi!...

THÉONE, *cherchant à lui faire entendre.*

L'on a peut-être besoin de vous.

PHILOTIME.

Non... madame.

THÉONE, *à part.*

Et moi qui lui croyais de l'intelligence! allons c'est encore un sot qu'il faudra renvoyer! (*regardant une amphore.*) que vois-je! ce vin de Naxos... qu'a fait venir mon mari... oh! ce serait charmant! (*haut à Polémon.*) Argus est un serviteur fidèle... vous pouvez parler devant lui..:

mais avant tout, faisons aux dieux immortels les libation d'usage.

POLÉMON.

Vous avez raison : je bois à Cypris, déesse des amours.

THÉONE, *prenant la bouteille de Naxos.*

Et toi, Argus, prends cette coupe et bois à Harpocrate, dieu de la discrétion.

POLÉMON.

Air *de Mademoiselle Hamilton.*

POLÉMON.

C'est du nectar le plus divin

PHILOTIME.

Enchanté qu'il s'en apperçoive.
(*Il reprend la coupe.*)
Quand chacun boit ici mon vin
C'est bien le moins qu'aussi j'en boive.

THÉONE, *le regardant.*

Mais notre Argus y prend goût, je le vois.

POLÉMON.

Il le connaît depuis long-tems, je crois.
(*Elevant la coupe.*)

Ensemble.

Cypris, déesse tutélaire
Du haut des cieux entends mes vœux,
Et fais que ta douce lumière
Brille en ce jour à tous les yeux.

THÉONE, *examinant Philotime.*

Pour éviter sa surveillance
Le moyen est délicieux
Déjà... par sa douce influence
Déjà... Bacchus ferme ses yeux.

PHILOTIME.

Redoutons ici quelque trame,
Et de peur d'accident fâcheux,
Sur Polémon... et su ma femme,
Tâchons d'avoir toujours les yeux,
Ayons toujours... toujours les yeux.
(*Il s'endort.*)

POLÉMON.

Eh ! mais cet esclave s'endort.

THÉONE.

Qu'importe! nous buvions au dieu de la discrétion.... Il nous a sans doute exaucés. (*se levant.*) Parlez maintenant sans crainte... Instruisez-nous du sujet de votre visite... car je suis d'une impatience, l'heure s'avance et déjà, j'en suis sûre, la plupart des dames d'Athènes attendent ici près dans les jardins le résultat de notre conférence.

POLÉMON.

Comment! les dames d'Athènes.... Mais ce que j'ai à vous dire ne regarde que vous.

THÉONE.

Aussi n'en parlerai-je qu'aux premières d'entre elles... Vingt-cinq de mes amies dont la discrétion est connue.... Mais parlez de grâce....

POLÉMON.

Quelle singulière femme! Eh bien, madame, vous savez qu'Alcée, le frère de Naïs, a été exilé et dépouillé de ses biens... J'ai entre les mains de quoi faire casser cet injuste arrêt. Puis-je espérer que votre mari voudra me seconder?... Je sais que nous sommes ennemis, mais vous avez tout pouvoir sur lui et sur une autre personne encore pour laquelle vous ne pouvez ignorer mes sentimens.

THÉONE, *avec dépit.*

Comment, Polémon, c'est là cette affaire importante pour laquelle....

POLÉMON.

Il me semble qu'elle l'est assez, puisqu'il s'agit de la fortune et de l'existence d'un de vos parens.

THÉONE.

Eh! bien, je n'en crois pas un mot, et ce n'était pas là le véritable objet de votre visite.

POLÉMON.

Comment, madame?

THÉONE.

Brisons là : nous avons vous et moi trop d'habitude de la politique pour nous arrêter à de vains détours!... Vous savez très-bien pour quel sujet je viens traiter avec vous, et j'aborderai la question directement.

POLÉMON.

Par Jupiter, vous m'effrayez... Quel ton diplomatique! Vous avez appuyé sur le mot *directement* avec une gravité digne d'un ambassadeur d'Artaxerce.

THÉONE.

Vous aimez Naïs, ma nièce.... mais son hymen dépend de la volonté de mon mari : la volonté de mon mari dépend de la mienne... et aujourd'hui même vous êtes l'époux de Naïs (*à voix basse*) si vous voulez me révéler ce dont on doit s'occuper dans les comices de ce soir.

POLÉMON, *avec indignation.*

Comment !

THÉONE, *vivement.*

Je sais qu'il doit y être question de nous. . . que le projet de loi nous concerne . . . mais quel est-il? Voilà ce que j'attends de vous.

POLÉMON, *avec ironie.*

Voilà en effet une négociation bien délicate... et je ne crois pas que depuis le traité du Péloponèse on ait agité des intérêts plus importans.

THÉONE.

Enfin, prononcez.

POLÉMON, *de même.*

Mon cheix est fait... et dès que vous me promettez de me faire épouser votre nièce... directement... mais quel est ce bruit?

THÉONE.

Ce sont ces dames qui se rendent ici mystérieusement, comme nous en sommes convenues.

POLÉMON, *à part.*

O Aristophane, où es-tu !

SCÈNE VII.

THÉONE, POLEMON, SOSTRATA, NAIS, THÉLÉSILLE, Dames Athéniennes, PHILOTIME (*dans le fond endormi.*)

CHŒUR.

Air : *Goûtons sans bruit, tandis qu'elle sommeille.* (Diable à Quatre.)

Ici chacune, à son serment fidèle,
Auprès de vous se rend à son devoir :
Parlez, parlez; dans votre zèle
Nous avons placé notre espoir.

THÉONE, *bas aux autres.*

e n'est pas sans peine.... il a fallu déployer toutes les ressources de la politique; mais enfin nous allons tout savoir.

POLÉMON, *gravement, s'adressant à Naïs.*

Votre tante, belle Naïs, m'a chargé de vous notifier ses intentions! il paraît constant que le salut d'Athènes et l'intérêt de l'état dépendent de notre hymen! et il est nécessaire avant de passer outre, de savoir si quelques considérations politiques ne vous empêchent pas d'obtempérer à cette décision.

NAÏS.

Qu'est-ce qu'il dit donc ?

THÉONE.

Allons, répondez.

NAÏS, *étonnée.*

Ma tante sait bien que je ne suis pas capable de m'opposer au salut de l'état! et dès que cela convient à Athènes... il faut bien...

THÉONE.

Que ça vous convienne ou non... j'ai promis... il faut que cela soit.

NAÏS.

Eh bien, je ne dis pas non ; mais pourquoi parle-t il ainsi? il a l'air d'un décret.

POLÉMON.

Il ne s'agit point ici d'un hymen ordinaire, vous êtes mariée officiellement.

NAÏS, *effrayée.*

Officiellement !... je me doutais bien aussi qu'il y avait quelque chose... officiellement! dites-moi, ma tante, ça empêche-t-il d'être aimée de son mari?

THÉONE.

Quelle demande!

NAÏS.

Oh bien, alors qu'on me marie comme on voudra.

THÉONE.

Silence! (*à Polémon.*) Parlez, Polémon, nous vous écoutons.

POLÉMON.

Oui, mesdames, je veux me rendre digne de votre confiance et je ne vous cacherai pas qu'on doit s'occuper ce soir aux Comices de vos plus chers intérêts.

PROXAGORA.

Je le savais.

THÉLÉSILLE.

Je le disais.

SOSTRATA.

Je le pensais.

POLÉMON.

Vous savez jusqu'où l'on a poussé dans Athènes, l'abus du costume. Tous les jours n'est-on pas exposé à prendre un parasite pour un philosophe! un maître de danse pour un archonte, et le chanteur Garitidès pour un homme de mérite.

Air : *Vaud. de Nice.*

On croit saluer un guerrier,
C'est le marchand Nymphée.
Cet autre que traîne un coursier
En litière étoffée...
Quel est-il donc ? c'est Tigillon !
Serait-ce un sénateur... eh ! non,
Ce n'est qu'un artiste en renom'
Dont la ville est coëffée,

TOUTES.

Ah ! c'est bien vrai.

POLÉMON.

Si un pareil abus existe parmi nos citoyens, que sera-ce donc parmi les dames Athéniennes? depuis la défaite de Mardonius, on estime nos victoires sur les Perses moins pour les avantages qu'en a retiré l'état, que pour ces tissus précieux qui nous viennent de la Perse et de la Lydie, et dont toutes les dames d'Athènes ne peuvent plus se passer.

THÉONE.

Voudrait-on les supprimer ?

POLÉMON.

Permettez ; ce n'est pas moi qui parle, je répète ce que disait l'orateur; bien plus ajoutait-il : les femmes de cinquante ans, étant mises comme celles de dix-huit, il en résulte une foule de méprises non moins désagréables pour celui qui les commet que pénible pour celle qui en sont l'objet ; à ces causes et voulant d'abord remédier aux inconvéniens plus urgens, on doit proposer ce soir et discuter un projet de loi dont le résultat serait de fixer d'une manière invariable !... ou à peu près l'âge des dames d'Athènes ; en un mot, il serait ordonné que passé dix-huit ans, il ne serait plus permis de porter des tuniques couleur de rose.

SOSTRATA.

Passé dix-huit ans !

NAÏS.

Quel bonheur ! je ne suis pas comprise dans le décret.

THÉONE.

Taisez-vous.

POLÉMON.

Vous sentez, comme moi, les conséquences.

SOSTRATA.

Elles sont innombrables.

POLÉMON.

Voilà ce que vous attendiez de moi : vous devez être satisfaites.

Air : *Vive le vin de Ramponeau.*

Adieu donc : le sénat déjà
Réclame ma présence
Ce que Polémon dévoila,
J'espère entre vous restera.

TOUTES.

Là !
Je me tairai
Je saurai
A mon cœur ulcéré
Commander le silence.

POLÉMON.

De ce secret plein d'horreur
A vous seules d'honneur
J'ai fait la confidence.
Adieu donc : le sénat déjà, etc.
(*Il sort ; toutes le saluent.*)

SCENE XIII.

Toutes les Athéniennes.

SOSTRATA.

Le décret est absurde.

THÉLÉSILLE.

Il ne peut pas passer.

SOSTRATA.

Il blesse les constitutions de l'état.

THÉLÉSILLE.

Il est attentatoire à la liberté des opinions, et bien plus, à celle des costumes.

THÉONE.

Un instant, mesdames, l'une après l'autre.

TOUTES.

Air : *Vaudeville de Rose et Colas.*

Qui croirait que de tels décrets
Sont sortis de l'aréopage ?

SOSTRATA ET DEUX AUTRES.

Donner une date aux attraits !
Quand on est belle, on n'a point d'âge

THÉLÉSILLE ET DEUX AUTRES.

Grâce aux décrets plus indulgens
De la nature qui raisonne,
Nous avons des roses d'automne
Comme des roses de printems.

SOSTRATA.

Et même d'hiver !... je me resume, et pose en principe que la perte d'une bataille serait moins funeste qu'une pareille loi.

THÉONE.

Eh! qui en doute? ce n'est pas cela dont il s'agit, mais bien de s'y opposer... vous, Naïs, laissez-nous, il ne doit assister à cette délibération que les personnes intéressées, c'est-à-dire, celles qui par leur âge sont comprises dans le décret.

(*Toutes se retournent.*)

SOSTRATA.

Je ne vois pas alors qu'est-ce qui pourrait rester.

THÉLÉSILLE.

Et vous courriez grand risque de délibérer toute seule.

THÉONE.

Mesdames.....

NAÏS.

D'ailleurs étant mariée *officiellement*, il me semble que j'ai le droit comme une autre.....

THÉLÉSILLE, *et plusieurs autres.*

Sans doute, sans doute, passons à l'ordre du jour.

THÉONE, *avec dépit.*

Comme il vous plaira, mesdames. (*à part.*) Il est impossible d'avoir plus de prétentions que ces femmes-là. (*haut.*) Mes cheres amies....

(*On entend en dehors plusieurs sons de trompe, elles écoutent.*)

THÉLÉSILLE.

C'est le crieur public qui annonce que les comices vont se tenir.

THÉONE.

Il n'y a pas de tems à perdre... il faut que les Athéniennes se rassemblent... qu'elles se rendent dans la place des comices... et que nous-mêmes.... ah! quelle idée! le projet est audacieux.... mais, comme aux journées de Marathon et de Salamine, il y va du salut général, et ce n'est pas par des moyens timides que Thémistocle sauva la patrie.

THÉLÉSILLE.

Parlez.

THÉONE.

Nos maris devraient déjà être aux comices... ils assistent au sacrifice de Cybèle et à un repas de corps.... Vous savez, mesdames, ce que c'est qu'un repas de corps.... profitons du tems qu'ils nous laissent.... ils ont déposé comme à l'ordinaire, dans le vestibule du temple, leurs manteaux.

NAÏS.

Oui, je les ai vus.

THÉONE.

Osons nous en emparer. Empruntons leur costume pour défendre le nôtre, et courons siéger à leurs places; j'occuperai celle de mon mari.

TOUTES.

Moi de même..... Marchons.

THÉONE.

Un instant!... Nous ne commencerons point une telle entreprise sans implorer la protection des dieux, et il en est un sur-tout dont l'assistance nous est indispensable.

HYMNE.

Air : *Je n'ai jamais aimé personne de ma vie.*

TOUTES.

Muet dieu du silence, ici sois notre arbitre,
Si j'ai pu quelquefois
Méconnaître tes lois.
Tu sais aussi que surplus d'un chapitre.

TROIS VOIX.

Sur celui des amours

TROIS AUTRES.

Des malins tours

TROIS AUTRES.

Et cétéra

TOUTES.

Toujours on t'invoqua
Ah! ah! ah! ah!
Mon époux le dira.

(*Elles sortent par le vestibule.*)

SCENE XIV.

PHILOTIME, *seul dans un fauteuil et rêvant.*

Polémon... et ma femme! ma femme et Polémon!... mais je suis là... heureusement!.. je suis là... comme Argus. (*Appelant à haute voix.*) Argus!!! (*s'éveillant en sursaut.*) Hum! qu'est-ce que c'est? (*Étendant la main sans ouvrir les yeux.*) Je donne ma voix... je me croyais à l'assemblée... quel vilain rêve je faisais... ma femme en tête à tête. (*regardant autour de lui.*) Eh! oui, c'est bien cela, et je me rappelle!..ils n'y sont plus, ils ont disparu tout les deux! Dieux immortels! que s'est-il passé pendant mon sommeil? peste soit de la jalousie qui n'empêche pas de dormir!.. si l'on savait cette aventure là dans Athènes!.. qui va là!

(*Il reprend son manteau.*)

SCENE XV.

PHILOTIME, CALLIMAQUE, chœur d'Athéniens.

CALLIMAQUE.

Air : *Tu vas changer de costume et d'emploi.*

Moi, je me sens tout gaillard et dispos,
Maintenant faisons diligence;
Allons, messieurs, reprenons nos manteaux,
L'heure des comices s'avance.
Avant de se rendre au sénat,
Diner, je crois, est fort utile:
Sur les besoins du peuple et de l'état
On médite alors plus tranquille.

TOUS.

Moi, je me sens etc.

CALLIMAQUE.

Allons, allons, Philotime, nous sommes en retard.

PHILOTIME.

Il s'agit bien de cela !.. je suis trahi !.. c'est à dire nous sommes trahis...

CALLIMAQUE.

Que veux-tu dire ?

PHILOTIME, *bas à Callimaque.*

Oui, j'étais là! j'ai tout vu ! tout entendu !.. c'est-à-dire au contraire par une fatalité que je ne puis expliquer.

CALLIMAQUE.

Qu'a de commun ce discours avec les comices.

PHILOTIME,

Oui, les comices !.. tu as raison, je m'y rends de ce pas.

CALLIMAQUE.

Pourquoi nous as-tu donc quittés avant le repas.

PHILOTIME.

Pourquoi ?.. c'est que j'étais ici, témoin de la trahison la plus!.. mais silence !.. garde-moi le secret, si tu savais de quelle importance il est que ces messieurs, que personne dans Athènes ne puisse savoir...

COLLIMAQUE.

Par Apollon!.. tu es aussi clair que l'oracle de Delphes!.. allons, partons.

SCÈNE XVI.

Les précédens, POLÉMON, *sortant du vestibule.*

POLÉMON.

Arrêtez! sénateurs, ne vous en donnez pas la peine.

PHILOTIME, *à part.*

Le voilà!.. j'ai peine à sa vue à contenir ma colère.

POLÉMON.

On n'entre plus aux comices !.. toutes les places sont prises!.. mais, vous-mêmes, il faut que vous soyez doubles : car je vous ai vus sur vos sièges, dans le rang et l'ordre accoutumé!.. Philotime le premier.

CALLIMAQUE.

Qu'est-ce que cela signifie ?

POLÉMON.

J'ai voulu approcher! impossible!.. et le moyen de se faire reconnaître sans le manteau magistral !.. car vous saurez qu'on s'est aussi emparé des marques de notre dignité.

CALLIMAQUE.

Cet événement!.. cache quelque mystère que nous ne tarderons pas à découvrir: car si je ne me trompe, Philotime est au fait de tout.

PHILOTIME.

Moi!..

CALLIMAQUE.

Oui, vous avez tout vu, tout entendu! vous me l'avez dit: parlez, noble Philotime, on vous écoute.

PHILOTIME.

Eh ! messieurs, je n'ai rien à dire.

POLÉMON.

On connait votre discrétion ordinaire : mais dans ce moment-ci, elle est hors de saison

PHILOTIME.

Eh! par Hercule! mêlez-vous de vos affaires.

POLÉMON.

Je demande qu'il s'explique.

PHILOTIME.

Je ne m'expliquerai point.

CALLIMAQUE.

Le sénat vous ordonne de parler.

PHILOTIME.

Ca ne regarde pas le sénat!.. et vous-même, s'il fallait que vous vinssiez raconter toutes les fois que?.. enfin je m'entends.

POLÉMON.

Il s'entend !.. vous le voyez !.. il est complice ou auteur du complot.

SCENE XVII.

Les mêmes, ARGUS.

ARGUS.

C'est une indignité! c'en est fait de la république ; qui se serait attendu à cela de nos sénateurs. J'étais bien sûr aussi que Philotime, mon maître, ferait quelque bêtise.

CALLIMAQUE.

Vous voyez...

PHILOTIME.

Hein? qu'est-ce que c'est? que dit ce maraud?

ARGUS.

Vous n'avez pas assisté à l'assemblée : vous êtes bien heureux, moi j'en viens.

POLÉMON.

Tant mieux : du moins, messieurs, nous allons savoir ce que nous avons fait.

ARGUS.

Imaginez vous qu'on n'a jamais vu une assemblée pareille ! vous savez comme ordinairement nos Sénateurs sont graves et compassés... Eh! bien, aujourd'hui, ils ne pouvaient rester sur leur siège..... c'était un bruit..... des chuchotemens et à chaque instant le héraut, au lieu de s'adresser à l'assemblée était obligé de crier: *silence, Sénateurs.* Enfin l'un d'eux s'est levé de la place qu'il occupait, et l'on a dit près de moi que c'était Philotime.

PHILOTIME.

Par exemple.

ARGUS.

Il s'est mis à lire d'une petite voix claire le projet de loi... chacun croyait ainsi que moi qu'il allait être question de la guerre contre les Perses..... ou du moins des Phocéens... Eh! bien, par la barbe de Jupiter... devineriez-vous jamais quel est le décret qu'on a proposé à la sanction du peuple.

CALLIMAQUE.

Non, ma foi.

PHILOTIME.

Ni moi.

ARGUS.

On a proposé qu'à l'avenir, il fut permis indistinctement à toutes les Athéniennes..... (*Il parle bas à l'oreille de Callimaque qui se penche vers l'oreille de son voisin, et ainsi de suite. Philotime s'approche à son tour pour participer à la confidence.*)

CALLIMAQUE.

Comment ! des tuniques roses !

POLÉMON, *riant.*

Oh ! je l'aurais parié !

PHILOTIME.

Qu'est-ce que, qu'est-ce que c'est ?

POLÉMON.

Vous le saurez. (*à Argus.*) Eh ! bien, le projet de loi a-t-il passé ?

ARGUS.

Eh ! qui vouliez vous qui s'y opposât ? la moitié de l'assemblée n'y a rien compris, et le reste s'est prononcé avec un acharnement... On n'entendait que de petites voix qui criaient : *appuyé*, *appuyé*. Ça n'en finissait pas... au point que plusieurs ont cru reconnaitre des voix de femmes, ce qui n'est pas possible.

Air : *Un homme, pour faire un tableau.*

Jamais on n'en dit tant, je croi,
Pour un décret aussi frivole.
C'est moi. — Taisez-vous. — non, c'est moi.
J'ai demandé. — J'ai la parole.
Et par un caprice du sort
Qu'ici l'on ne saurait comprendre,
Même quand ils sont tous d'accord
Ils ne peuvent encor s'entendre.

CALLIMAQUE.

Mais que veulent toutes ces femmes qui se dirigent de ce côté.... j'apperçois la mienne....

POLÉMON.

C'est à moi de tout vous apprendre.

PHILOTIME.

Ça ne fera pas de mal.

(*Ils se retirent un instant par la droite.*)

SCENE DERNIERE.

THÉONE, SOSTRATA, THELÉSILLE, NAIS, *précédées de plusieurs canéphores ;* CHŒUR D'ATHÉNIENNES. *Toutes les femmes sont vêtues de tuniques roses, et portent des branches de laurier.*

CHŒUR.

Air *nouveau de Doche.*

Oui, tout cède à nos lois,
Célébrons à-la-fois
Nos exploits, (*bis*)
Notre gloire.
Grâces à notre choix,
Grâces à notre voix,
Nous rentrons cette fois,
Dans nos droits.

THÉONE.

Chacune à cette victoire,
A bien pris part, je le vois.

SOSTRATA.

Moi, j'en aurai, c'est notoire,
Un enrouement de trois mois.

CHŒUR.

Oui, tout cède, etc.

(*Pendant la reprise du chœur, Polémon, Callimaque, Philotime et les autres Athéniens sont rentrés en scène.*)

CALLIMAQUE, *à Thélésille.*

Eh! ma chère Thélésille, que signifie cette parure?

THÉLÉSILLE.

Cela veut dire, Monsieur, que nous nous empressons de profiter du bénéfice de la nouvelle loi.

SOSTRATA.

Oui, Messieurs, la loi des tuniques roses.

THÉONE.

Et cette loi vous prouvera du moins...

POLÉMON.

Elle prouvera, Mesdames, les ressources de votre esprit et surtout celles de votre imagination, dont personne du reste n'a jamais douté, mais il est malheureux que de si grands ressorts politiques aient été employés en pure perte ; et lorsqu'une fois vous vous réunissez pour faire rendre un pécret, ce soit justement contre un projet de loi, qui n'a jamais existé.

THÉONE, *à Polémon.*

Comment ! nous étions vos dupes. . . Et vous croyez encore que mon consentement. . .

POLÉMON.

J'ai celui de votre époux, à qui je viens de tout avouer.

THÉONE, *vivement.*

Quoi, Monsieur, il serait vrai. . . vous étiez du complot. . . Mais parlez donc ; car vous êtes bien l'homme le plus faux, le plus dissimulé. . . De sorte que la délibération de ce matin. . .

POLÉMON.

Est encore notre secret et celui de l'Etat ; et vous n'avez pu croire qu'un Athénien consentirait à le trahir.

THÉONE.

Vous m'aviez pourtant promis la vérité.

POLÉMON, *montrant le peuple.*

Vous m'aviez bien promis le secret. . . Croyez-moi, laissez à nos senateurs les assemblées, les comices. Donnez des lois sur nos modes, des décisions sur les fantaisies du jour ; rendez des décrets comme ceux d'aujourd'hui, chacun s'empressera d'y souscrire.

Air *de la Sentinelle.*

Pour la patrie et pour la liberté,
Songez-y donc, songez aux conséquences
Si l'on osait permettre à la beauté
De prendre part à toutes nos séances.
Oui, la moitié du comité
Bientôt de l'autre aurait fait la conquête,
Et chacun, prêt à s'égarer,
Quand il faudrait délibérer,
N'aurait plus son cœur ni sa tête.

CALLIMAQUE.

Reste à savoir maintenant ce qu'on dira dans Athènes des comice de ce soir. . . Gare au scandale.

POLÉMON.

Tant mieux, mes amis, je vous répondrai comme Alcibiade. Que l'on s'occupe de nous et non de nos desseins ; on plaisantera au moins trois grands jours, et pendant ce tems nous pourrons nous livrer en silence à la discussion du véritable projet de loi.

THÉONE.

Le maudit projet de loi !.. J'espère maintenant, mon ami, que tu ne me feras plus un mystère...

PHILOTIME.

Ma femme, vous savez ce que je vous ai dit ce matin ; il m'est impossible de vous en dire davantage.

VAUDEVILLE.

Air du *Vaudeville en vendange.*

THÉLÉSILLE.

Je connais sur la terre
Un peuple aimable et grand,
Sachant combattre et plaire ;
Dans ses goûts, inconstant,
Inconstant et toujours charmant.
La beauté souveraine
Toujours y commanda :
Si ce n'est pas Athène...
Quel est ce pays-la ?

SOSTRATA.

Que d'auteurs dont la verve
Docile à tous les tons,
A toujours en réserve
Des vers pour tous les noms,
Comme pour toutes les saisons.
On chanta Démosthène ;
Pour Philippe, on chanta :
S'ils ne sont pas d'Athène...
D'où sont ces chanteurs-la ?

NAÏS.

On rencontre une foule
D'observateurs profonds,
Qui pour voir l'eau qui coule
S'arrête sur les ponts.
Gravement reste sur les ponts.
Chacun d'eux par semaine
Sait combien d'eau... passa !
S'ils ne sont pas d'Athène,
D'où sont ces savants la ?

POLÉMON.

Sous d'autres Aristides,
J'ai vu, pour leur pays,
Des guerriers intrépides
Marcher un contre dix,
Marcher et vaincre un contre dix.
A leurs exploits à peine
L'histoire un jour croira!...
S'ils ne sont pas d'Athène,
D'où sont ces guerriers là

PHILOTIME.

Plus d'un froid égoïste,
Quand le tems n'est pas beau,
Diogène assez triste,
Reste dans son tonneau,
Prudemment reste en son tonneau,
Que le beau tems revienne,
Ils disent : nous voilà...
S'ils ne sont pas d'Athène,
D'où sont ces messieurs là!

ARGUS.

Par fois j'ai vu paraître,
Plus d'un époux, hélas!
Aussi connu, peut-être,
Que l'était Ménélas,
Que l'était défunt Ménélas!
Pourtant de son Hélène
Aucun d'eux ne douta...
S'ils ne sont pas d'Athène,
D'où sont ces maris là.

THÉONE, *au public.*

Par notre faible organe,
Assez mal reproduit,
Le vieil Aristophane
Chez nous s'est introduit.
Chez nous, ce soir, s'est introduit.
De sa muse sans gêne,
Athène s'égaya...
En citoyens d'Athène,
Messieurs, accueillez-la.

FIN.

www.ingramcontent.com/pod-product-compliance
Ingram Content Group UK Ltd.
Pitfield, Milton Keynes, MK11 3LW, UK
UKHW022154170726
13837UKWH00004B/1984